Couvertures supérieure et inférieure
manquantes

WERTHER

DRAME LYRIQUE EN QUATRE ACTES ET CINQ TABLEAUX

(D'après Gœthe)

POÈME DE

MM. ÉDOUARD BLAU,
PAUL MILLIET & GEORGES HARTMANN

MUSIQUE DE

J. MASSENET

PRIX NET : 1 FRANC

PARIS
AU MÉNESTREL, 2 BIS, RUE VIVIENNE, HEUGEL ET Cⁱᵉ
ÉDITEURS-PROPRIÉTAIRES POUR TOUS PAYS

· 1893
Tous droits de reproduction, de traduction et de représentation réservés

PERSONNAGES

	VIENNE (Opéra impérial)	PARIS (Opéra-Comique)
WERTHER....	MM. Van Dyck.	MM. Ibos.
ALBERT.....	Neidl.	Bouvet.
LE BAILLI....	Mayerhofer.	Thierry.
SCHMIDT....	Schlittenhelm.	Barnolt.
JOHANN.....	Félix.	Artus.
BRULHMANN..	Stoll.	Éloi.
CHARLOTTE...	Mmes Renard.	Mlles Delna.
SOPHIE.....	Forster.	Laisné.
KATHCHEN...	Carlona.	Domingue.

LES ENFANTS (six) : Fritz, Max, Hans, Karl, Gretel, Clara, choristes soprani et enfants.
Un Paysan, Un Domestique, personnages muets.

HABITANTS DU BOURG DE WETZLAR, INVITÉS, MÉNÉTRIERS, etc., etc.

La scène se passe aux environs de Francfort, de Juillet à Décembre 178..

1er Acte. — La maison du Bailli.
2e Acte. — Les Tilleuls.
3e Acte. — Charlotte et Werther.
4e Acte. { 1er tableau. — La nuit de Noël.
{ 2e tableau. — La mort de Werther.

1er, 3e et 4e actes, décors de MM. Rubé et Chaperon.
2e acte, décor de M. Carpezat.

Costumes dessinés par M. Thomas.

Chef d'orchestre : M. Jules Danbé.

Pour la partition piano et chant, la partition et les parties d'orchestre, la mise en scène, les dessins des costumes et décors et le droit de représentation, s'adresser à MM. Heugel et Cie, au Ménestrel, 2 *bis*, r^{ue} Vivienne, seuls éditeurs-propriétaires pour tous pays.

WERTHER

DRAME LYRIQUE

Représenté pour la première fois, à Vienne, à l'Opéra Impérial
le 16 février 1892 (Direction de M. Jahn)

et à Paris, au théâtre national de l'Opéra-Comique
le 16 janvier 1893 (Direction de M. Carvalho)

IMPRIMERIE CHAIX, RUE BERGÈRE, 20, PARIS. — 19316-9-93. — (Encre Lorilleux).

WERTHER

ACTE PREMIER

LA MAISON DU BAILLI (Juillet 178..)

A gauche, la maison à large baie vitrée, avec une terrasse praticable, couverte de feuillages, précédée d'un escalier en bois. — A droite, le jardin. — Au fond, une petite porte à claire-voie. — Au loin, les maisons du bourg et la campagne. — Au premier plan, une fontaine.

Au lever du rideau, le bailli est assis sur la terrasse, au milieu de ses six enfants, qu'il fait chanter.

Le rideau se lève sur un grand éclat de rire, très prolongé, des enfants.

SCÈNE PREMIÈRE

LE BAILLI, grondant.

Assez! Assez!... Va-t-on m'écouter cette fois?
Recommençons!... surtout pas trop de voix!

LES ENFANTS, chantant très fort et sans nuances.

Noël! Jésus vient de naître,
Voici notre divin maître...

LE BAILLI, se fâchant.

Non! ça n'est pas cela!
Osez-vous chanter de la sorte

Quand votre sœur Charlotte est là !
Elle doit vous entendre au travers de la porte!

Les enfants ont paru tout émus au nom de Charlotte. Ils reprennent le Noël avec gravité.

Noël !
Jésus vient de naître,
Voici notre divin maître,
Rois et bergers d'Israël !
Des anges gardiens fidèles,
Dans le firmament,
Ont ouvert grandes leurs ailes
Et s'en vont partout chantant :
Noël !

LE BAILLI.

C'est bien !

Il chante avec les enfants.

Jésus vient de naître !
Voici notre divin maître...

Johann et Schmidt, qui s'étaient arrêtés pour écouter les enfants, sont entrés dans la cour.

SCÈNE II

Les Mêmes, JOHANN et SCHMIDT.

JOHANN.

Bravo pour les enfants !

SCHMIDT.

Bravo pour le couplet !

LES ENFANTS, accourant joyeusement.

Ah! monsieur Schmidt! monsieur Johann!

JOHANN, au bailli.

Eh! mais j'y pense!
Vous chantez Noël en juillet,
Bailli, c'est s'y prendre à l'avance!

LE BAILLI.

Cela te fait rire, Johann; mais quoi!
Tout le monde n'est pas artiste comme toi;
Et ce ne sont point bagatelles
Que d'apprendre le chant à ces jeunes cervelles!

Entrée de Sophie.

SCENE III

LES MÊMES, SOPHIE.

SCHMIDT.

Bonjour, Sophie!... Eh! eh! Charlotte n'est pas loin!

SOPHIE, lui faisant une révérence.

En effet, monsieur Schmidt, puisque nous prenons soin,
Charlotte et moi, de la famille.

JOHANN, au bailli.

Ah! Ce superbe temps.
Viens-tu?

LE BAILLI.

Dans un instant.

SOPHIE, à Johann.

Ma sœur s'habille
Pour le bal...

LE BAILLI, se retournant, à Schmidt.

Oui, le bal d'amis et de parents
Que l'on donne à Wetzlar... On vient prendre Charlotte.

SCHMIDT.

C'est donc cela !... Kaffel a mis sa redingote,
Steiner a retenu le cheval du brasseur,
Hoffmann a sa calèche et Goulden sa berline...
Enfin, monsieur Werther m'a paru moins rêveur !

LE BAILLI, à ses deux amis.

Fort bien, ce jeune homme !

JOHANN.

Oui, mais pas fort en cuisine !

LE BAILLI, insistant.

Il est instruit, très distingué.

SCHMIDT, vivement.

Un peu mélancolique...

JOHANN.

Ah ! certes ! jamais gai !

LE BAILLI, poursuivant son idée.

Le Prince lui promet, dit-on, une ambassade !
Il l'estime et lui veut du bien...

ACTE PREMIER

JOHANN, avec mépris.

Un diplomate ! Ah ! bah ! ça ne vaut rien
A table...

SCHMIDT, de même.

Ça ne sait pas boire une rasade !

JOHANN, au bailli, en lui tendant les mains.

A tout à l'heure, au Raisin d'Or.

SCHMIDT, de même.

Oui, tu nous dois une revanche.

LE BAILLI, se récriant.

Encor !

JOHANN, revenant sur ses pas.

Dame !... et puis c'est le jour des écrevisses...
Grosses comme le bras... Gretchen nous l'a promis...

LE BAILLI.

Oh ! les gourmands ! les deux complices !

Cédant un peu.

Vous n'attendez donc pas Charlotte, mes amis ?

SCHMIDT, à Johann.

Nous la verrons ce soir, nous voulons faire
Un petit tour sur le rempart.

LE BAILLI, souriant, à Johann.

Pour t'ouvrir l'appétit ?...

JOHANN, à Schmidt.

Toujours il exagère...
Allons, viens ; il est tard !

SCHMIDT, *revenant, au bailli.*

A propos, quand Albert revient-il ?

LE BAILLI.

Je l'ignore ;
Il ne m'en parle pas encore,
Mais il m'écrit que ses affaires vont au mieux.

SCHMIDT.

Parfait! Albert est un garçon brave et fidèle ;
C'est un mari modèle
Pour ta Charlotte ; et nous, les vieux,
Nous danserons à perdre haleine
A la noce prochaine.

JOHANN, *gaîement.*

Eh ! bonsoir, les enfants !

SCHMIDT, *au bailli, plus bas.*

A tantôt !

LE BAILLI, *et les enfants.*

Au revoir !

Les deux hommes s'en vont bras dessus bras dessous en chantant un refrain bachique : Vivat Bacchus — semper vivat !

SCÈNE IV

LE BAILLI, SOPHIE, LES ENFANTS, puis WERTHER

LE BAILLI, *aux enfants.*

Rentrez ! nous redirons notre Noël ce soir,
Avant goûter, note par note !

Il a remonté l'escalier et, dans la maison :

ACTE PREMIER

Sophie, il faut aller voir ce que fait Charlotte.

Sophie sort.

Le bailli s'installe dans le fauteuil de cuir à crémaillère ; les plus jeunes de ses enfants se blottissent sur ses genoux et écoutent la leçon qu'il leur donne. — La baie vitrée est à demi fermée.

Werther, accompagné d'un jeune paysan, s'avance dans la cour et regarde curieusement la maison.

WERTHER, au paysan.
Alors, c'est bien ici
La maison du bailli ?...

Congédiant son guide.
Merci.

WERTHER, seul, pénètre plus avant dans la cour et s'arrête devant la fontaine.

Je ne sais si je veille ou si je rêve encore :
Tout ce qui m'environne a l'air d'un paradis ;
Le bois soupire ainsi qu'une harpe sonore :
Un monde se révèle à mes yeux éblouis.

O nature, pleine de grâce,
Reine du temps et de l'espace,
Daigne accueillir celui qui passe
Et te salue, humble mortel !

Mystérieux silence ! ô calme solennel !
Tout m'attire et me plaît ! ce mur, et ce coin sombre,
Cette source limpide et la fraîcheur de l'ombre ;
Il n'est pas une haie, il n'est pas un buisson
Où n'éclose une fleur, où ne passe un frisson.

O nature,
Mère éternellement jeune, adorable et pure,
Enivre-moi de tes parfums ! et toi, soleil,
Viens m'inonder de ton rayon vermeil !

Voix des enfants, dans l'intérieur de la maison, répéta le Noël.

Oh ! chers enfants !... Autant notre vie est amère
Autant leurs jours sont pleins de foi,
Leurs âmes pleines de lumière !

Ah! comme ils sont meilleurs que moi!

Werther va jusqu'à la fontaine et reste un instant dans une calme contemplation. Charlotte entre; les enfants quittent les bras du bailli et sautent au-devant d'elle.

SCÈNE V

LES MÊMES, plus CHARLOTTE.

LES ENFANTS.

Charlotte! Charlotte!

CHARLOTTE, au bailli.

Eh bien ! père,
Êtes-vous content d'eux?

LE BAILLI.

Content, content! ce n'est pas merveilleux.

LES ENFANTS, entourant Charlotte.

Si! père est très content!

LE BAILLI, embrassant sa fille et admirant sa toilette.

Comme te voilà belle,
Mignonne!

LES ENFANTS.

Oh! mais c'est vrai !

LE BAILLI, prenant les mains de Charlotte.

Venez, mademoiselle!
Qu'on vous regarde... nos amis seront jaloux.

CHARLOTTE, souriante.

Nos amis ne sont pas exacts au rendez-vous.
Voilà ce dont je suis bien sûre;
Et j'en vais profiter
Pour donner le goûter
Aux enfants.

On entend dans le lointain les grelots d'un cheval et le bruit d'une voiture.

LE BAILLI.

Hâte-toi, car j'entends la voiture!

Les enfants se pressent autour de Charlotte, les mains tendues vers elle. — Werther, qui s'est rapproché, s'arrête et contemple, un moment, ce spectacle, sans être vu. A mesure qu'ils reçoivent leur goûter, les enfants s'en vont en sautant

LES ENFANTS.

Merci, grande sœur!...

LE BAILLI, apercevant Werther et allant au-devant de lui.

Ah! monsieur Werther!
Vous venez visiter mon petit ermitage...
Mieux... mon petit royaume, et j'en suis vraiment fier.

Lui présentant Charlotte.

Ma fille, qui prend soin de ce ménage
Et de tous ces enfants gâtés
Depuis le jour où leur mère nous a quittés.

CHARLOTTE.

Pardonnez-moi, monsieur, de m'être fait attendre,
Mais je suis, en effet, une maman très tendre,
Et mes enfants exigent que ma main
Leur coupe chaque jour leur pain.

Les invités arrivent dans la cour; le bailli va à leur rencontre, ainsi que Sophie qui reparaît toute rieuse.

SCÈNE VI

WERTHER, CHARLOTTE, LE BAILLI, SOPHIE, LES INVITÉS.

LE BAILLI.

Arrivez donc, Brühlmann! Charlotte est prête;
On vous attend!...

Brühlmann et Kathchen marchent côte à côte il vont, les yeux dans les yeux, et ne font même pas attention au bailli qui les suit en riant.

BRÜHLMANN, avec un soupir d'extase.

Klopstock!...

KATHCHEN, avec ravissement.

Divin Klopstock!...

LE BAILLI, à Brühlmann.

Bavard!
Vous direz le reste à la fête...
Un aussi long discours vous mettrait en retard.

Werther, qui est resté muet et interdit en regardant Charlotte, saisit le plus jeune des enfants et l'embrasse; l'enfant a peur de cet élan de tendresse.

CHARLOTTE, à l'enfant.

Embrasse ton cousin!...

WERTHER, se redressant, étonné.

Cousin? suis-je bien digne
De ce nom?...

ACTE PREMIER

CHARLOTTE, enjouée.

En effet, c'est un honneur insigne,
Mais nous en avons tant qu'il serait bien fâcheux
Que vous fussiez le plus mauvais d'entre eux.

A Sophie, avec autorité, mais sans sévérité, en lui montrant les enfants.

Tu me remplaceras, Sophie;
Tu le sais, je te les confie...

Aux enfants.

Vous serez tous sages comme avec moi.

SOPHIE.

Oui, mais ils aimeraient bien mieux que ce fût toi.

WERTHER, avec extase, tandis que Charlotte embrasse les enfants.

O spectacle idéal d'amour et d'innocence,
Où mon cœur et mes yeux sont ravis à la fois !
Quel rêve de passer une entière existence
Calmé par ses regards et bercé par sa voix !

La plus grande partie des invités est déjà presque sortie; restent encore Brühlmann et Käthchen absorbés et silencieux, près de la fontaine. Charlotte est prête maintenant, elle descend dans la cour. Werther va à sa rencontre. Sophie et les enfants forment un groupe sur la terrasse et envoient des baisers à leur grande sœur.

LE BAILLI, saluant Werther.

Monsieur Werther...

A Charlotte.

Adieu, ma chérie...

CHARLOTTE.

Adieu, père !...

Charlotte et Werther s'éloignent, suivis d'un groupe d'invités; Brühlmann et Käthchen s'en vont les derniers sans avoir dit une parole.

LE BAILLI, les regardant en souriant.

Ne souhaitons rien à ceux-là !
L'extase magnétique !

Klopstock ! divin Klopstock ! cela
Me paraît sans réplique !

<small>Sophie a fait rentrer les enfants dans la maison.</small>

SCENE VII

LE BAILLI, puis SOPHIE.

Tout en fredonnant le refrain bachique, chanté par Schmidt à sa sortie, le bailli va chercher sa longue pipe en porcelaine, qu'il décroche du râtelier, s'installe dans son large fauteuil et, d'un air un peu gêné, fredonnant toujours, se dispose à fumer. Sophie a reparu ; elle sourit en voyant le bailli, puis elle va, très doucement, prendre dans un coin de la chambre la canne et le chapeau de son père, qu'elle lui apporte gentiment.

SOPHIE.

Et qui donc a promis d'aller au Raisin d'Or ?

LE BAILLI, d'un ton embarrassé.

Qui ? moi, te laisser seule...

SOPHIE.

Eh bien !...

LE BAILLI.

Non !

SOPHIE, gravement.

Je l'exige !
Schmidt et Johann doivent t'attendre encor.

ACTE PREMIER

LE BAILLI, *se laissant convaincre, et prenant le chapeau et la canne des mains de Sophie.*

Rien qu'un moment alors...

Il s'éloigne, puis se retournant, à Sophie.

Au fait, promesse oblige !

Sophie accompagne le bailli et ferme la porte de la rue sur lui. — La nuit tombe peu à peu. — Albert paraît; il interroge la maison du regard; il s'approche et aperçoit Sophie.

SCÈNE VIII

ALBERT, SOPHIE.

ALBERT.

Sophie !

SOPHIE.

Albert ! toi de retour ?

ALBERT.

Oui, moi, petite sœur, bonjour !

Il l'embrasse.

SOPHIE.

Que Charlotte sera contente
De te revoir !

ALBERT.

Elle est ici ?

SOPHIE.

Non, pas ce soir,
Elle qui jamais ne s'absente !
Aussi pourquoi n'as-tu pas prévenu ?

ALBERT.

J'ai voulu la surprendre...
Parle-moi d'elle, au moins ; il me tarde d'apprendre
Si de moi l'on s'est souvenu ?
Car c'est bien long, six mois d'absence !

SOPHIE.

Chez nous, aux absents chacun pense,
Et n'es-tu pas, d'ailleurs, son fiancé ?

ALBERT, joyeux.

O chère enfant !... Et que s'est-il passé ?

SOPHIE.

Rien !... On s'est occupé de votre mariage...
On y dansera, dis ?

ALBERT.

Beaucoup... et davantage !
Avec chaleur.
Oui, je veux que pour tous, il y ait du bonheur ;
Ah ! j'en ai tant au fond du cœur !
Reconduisant Sophie jusqu'au perron.
Va ! rentre... j'ai peur qu'on t'appelle
Et qu'on apprenne mon retour ;
N'en dis rien, je serai près d'elle
Dès le lever du jour.

SOPHIE, rentrant.

A demain, monsieur mon beau-frère.
Elle ferme la porte vitrée.

SCÈNE IX

ALBERT, seul.

Elle m'aime... elle pense à moi !... quelle prière
De reconnaissance et d'amour
Monte de mon cœur à ma bouche !
Ah ! comme à l'heure du retour
Un rien nous émeut et nous touche,
Et comme tout possède un charme pénétrant !
Je voudrais qu'en rentrant
Charlotte retrouvât les pensers que je laisse :
Tout mon espoir et toute ma tendresse !

Il s'éloigne. — La nuit est venue; la lune éclaire la maison peu à peu.

SCÈNE X

Charlotte et Werther paraissent à la porte du jardin; ils viennent lentement, se tenant par le bras, et tous deux restent un instant silencieux.

CHARLOTTE.

Il faut nous séparer. Voici notre maison :
C'est l'heure du sommeil.

WERTHER.

Ah ! pourvu que je voie
Ces yeux toujours ouverts; ces yeux, mon horizon,
Ces doux yeux, mon espoir et mon unique joie,

Que m'importe à moi le sommeil !
Les étoiles et le soleil
Peuvent bien dans le ciel tour à tour reparaître,
J'ignore s'il est jour, s'il est nuit, et mon être
Demeure indifférent à ce qui n'est pas toi !

CHARLOTTE, souriant.

Mais vous ne savez rien de moi.

WERTHER.

Mon âme a rencontré votre âme.
Je vous ai vue assez
Pour savoir quelle femme
Vous êtes !

CHARLOTTE.

Vous me connaissez ?

WERTHER, grave et tendre.

Vous êtes la meilleure ainsi que la plus belle
Des créatures...

CHARLOTTE, confuse.

Non !...

WERTHER.

Faut-il que j'en appelle
A ceux que vous nommez vos enfants ?

CHARLOTTE, pensive et se rapprochant de Werther.

Hélas ! oui...
Mes enfants... vous avez dit vrai !... C'est que l'image
De ma mère est présente à tout le monde ici.
Et pour moi, je crois voir sourire son visage

Quand je prends soin de ses enfants... de mes enfants.
Ah ! je souhaiterais que dans cette demeure
Elle revînt et vît, au moins quelques instants,
Si je tiens les serments faits à la dernière heure.
Très attendrie.
Chère, chère maman, que ne peux-tu nous voir ?

WERTHER.

O Charlotte, ange du devoir,
La bénédiction du ciel sur toi repose !

CHARLOTTE.

Si vous l'aviez connue !.. Ah ! la cruelle chose
De voir ainsi partir ce qu'on a de plus cher !
Quels tendres souvenirs et quel regret amer !
Pourquoi tout est-il périssable ?
Les enfants ont senti cela très vivement ;
Ils demandent souvent, d'un ton inconsolable,
Pourquoi les hommes noirs ont emporté maman.

WERTHER.

Rêve ! Extase ! ô bonheur ! Je donnerais ma vie
Pour garder à jamais ces yeux, ce front charmant,
Cette bouche adorable, étonnée et ravie,
Sans que nul à son tour les contemple un moment !...
Le céleste sourire !...
Je vous aime et je vous admire !

CHARLOTTE.

Nous sommes fous !... rentrons !

WERTHER, *d'une voix altérée et la retenant.*

Mais nous nous reverrons ?...

Voix du Bailli appelant : Charlotte

2.

SCÈNE XI

WERTHER, CHARLOTTE, LE BAILLI.

LE BAILLI, accourant, monte rapidement les marches de la terrasse et disparaît dans la maison.

Charlotte !... Albert est de retour !...

WERTHER, dans le plus grand trouble.

Ah ! votre père...
Ce retour et ce nom !...

CHARLOTTE, à demi voix.

Oui ; celui que ma mère
M'a fait jurer d'accepter pour époux.

A voix basse et comme s'accusant.

Dieu m'est témoin qu'un instant, près de vous,
J'oubliai le serment que ce nom me rappelle.

Werther se cache le visage dans ses mains, comme s'il sanglotait, puis avec effort :

WERTHER.

A ce serment restez fidèle !...
Moi, j'en mourrai, Charlotte !...

Charlotte, qui a gravi les marches du perron, se retourne une dernière fois avant de disparaître à son tour dans la maison.

WERTHER, seul, désespéré.

Un autre, son époux !

ACTE DEUXIÈME

A Wetzlar.

La place. — Au fond, le temple. — A gauche, le presbytère. — A droite, au fond, la route et la campagne. — A droite, la Wirthschaft, entourée de houblons. — Devant le temple, des tilleuls taillés qui en laissent voir la porte. — Un banc sous les tilleuls, près de l'entrée du presbytère. — Schmidt et Johann sont attablés devant la Wirthschaft. — Beau temps. — Dimanche après midi.

SCÈNE I

JOHANN, SCHMIDT.

JOHANN et SCHMIDT, ensemble et le verre en main.

Vivat Bacchus. — Semper vivat!

JOHANN.

L'admirable journée !
De ce joyeux soleil, j'ai l'âme illuminée !
 Qu'il est doux de vivre, quand l'air
Est si léger, le ciel si bleu, le vin si clair !

Orgue dans le temple.

SCHMIDT.

Allez ! chantez l'office et que l'orgue résonne !
De bénir le Seigneur, il est bien des façons.
Moi je le glorifie en exaltant ses dons.

JOHANN.

Oui, gloire à Celui qui nous donne

De si bon vin et fait l'existence si bonne !

Regardant.

Du monde ! encor du monde ! on vient de tous côtés !
Le pasteur verra bien fêtés
Ses cinquante ans de mariage !

SCHMIDT.

C'est bon pour un pasteur cinquante ans de ménage.
Dieu le soutient ! Mais moi, je n'aurais pu jamais
En supporter autant...

Charlotte et Albert paraissent. Johann se lève en les regardant, et se penche vers Schmidt.

JOHANN.

Et cependant j'en sais
Qui ne s'effraieraient guère
De semblable félicité.

Les désignant.

Tiens ! ceux-là, par exemple !...

SCHMIDT.

Eh bien ! à leur santé
Allons vider encore un verre !

Ils rentrent tous les deux dans la Wirthschaft.

SCÈNE II

ALBERT, CHARLOTTE.

Ils sont arrivés sous les tilleuls et s'assoient sur le banc.

ALBERT, avec tendresse.

Trois mois ! voici trois mois que nous sommes unis !

ACTE DEUXIÈME

Ils ont passé bien vite et pourtant il me semble
Que nous avons vécu toujours ensemble!

CHARLOTTE, *doucement.*

Albert!

ALBERT.

Si vous saviez comme je vous bénis!

Encore plus tendre.

Mais moi, de cette jeune fille,
Que naguère entourait
Tant de calme bonheur au foyer de famille,
Ai-je fait une femme heureuse et sans regret?

CHARLOTTE.

Quand une femme a près d'elle à toute heure
Et l'esprit le plus droit et l'âme la meilleure
Que pourrait-elle regretter?

ALBERT.

Ah! la douce parole et comme à l'écouter
Je me sens tout heureux et j'ai l'âme ravie!

Charlotte, accompagnée d'Albert, se dirige vers le temple; — puis Albert échange quelques paroles avec ceux qui vont à l'office. — Werther a paru; il descend et contemple, de loin, avec un tourment visible, l'intimité des deux époux.

SCÈNE III

WERTHER.

Un autre est son époux! ô Dieu, Dieu de bonté,
Si tu m'avais permis de marcher dans la vie
Avec cet ange à mon côté,
Mon existence entière

N'aurait jamais été
Qu'une ardente prière...
Et maintenant, parfois, j'ai peur de blasphémer!

Douloureusement.

C'est moi qu'elle pouvait aimer!
J'aurais pressé sur ma poitrine
La plus belle, la plus divine
Créature que Dieu lui-même ait su former!
C'est moi qu'elle pouvait aimer!
Lorsque s'ouvrait le ciel qui s'illumine
Soudain, je l'ai vu se fermer!
C'est moi qu'elle pouvait aimer!
Tout mon corps en frissonne, et tout mon être en pleure!

Il tombe accablé sur le banc, la tête dans ses mains.

SCÈNE IV

WERTHER, JOHANN, SCHMIDT, BRÜLHMANN

Johann et Schmidt reparaissent sur le seuil de la Wirthschaft. — Schmidt donne le bras à Brülhmann, navré et muet.

SCHMIDT, à Brülhmann.

Si... Käthchen reviendra, je vous dis!... A quelle heure
Et quel jour
Aura lieu ce retour,
Qu'importe,
Elle reviendra...

JOHANN.

Tu l'entends!
Des fiançailles de sept ans
Ça ne peut pas s'oublier de la sorte!

SCHMIDT.

Dépêchons! j'entends le signal...
Si nous manquons l'office, au moins, ouvrons le bal!

Ils sortent, en trébuchant.

SCÈNE V

WERTHER, ALBERT.

En sortant du temple, Albert s'est dirigé du côté de Werther; il lui pose la main sur l'épaule. — Werther tressaille et fait un mouvement comme pour s'éloigner.

ALBERT.

Au bonheur qui remplit mon âme,
Ami, parfois il vient se mêler un remord.

WERTHER, étonné.

Un remord!

ALBERT, avec franchise.

Je vous sais un cœur loyal et fort;
Mais celle qui devint ma femme
Vous apparut au jour
Qu'elle était libre encore, et peut-être près d'elle
Avez-vous fait un rêve envolé sans retour!
A la voir si douce et si belle,
Je connais trop le prix du bien qui m'est donné
Pour ne comprendre pas que sa perte est cruelle...

Lui prenant affectueusement la main.

Comprendre ce tourment, c'est l'avoir pardonné...

WERTHER.

Vous l'avez dit : mon âme est loyale et sincère,
Si j'avais du passé trop amer souvenir,
Retirant cette main de la main qui la serre,
Je fuirais loin de vous pour ne plus revenir.

Mais, comme après l'orage une onde est apaisée,
Mon cœur ne souffre plus de son rêve oublié,
Et celui qui sait lire au fond de ma pensée
N'y doit trouver jamais que la seule amitié !

Et ce sera ma part de bonheur sur la terre !

Sophie accourt, des fleurs dans les mains.

SCÈNE V

Les Mêmes, SOPHIE.

SOPHIE, à Albert, gaîment.

Frère,
Voyez le beau bouquet !
J'ai mis, pour le pasteur, le jardin au pillage.

A Werther.

Et puis on va danser... Pour le premier menuet,
C'est sur vous que je compte... Oh ! le sombre visage !
Mais aujourd'hui, monsieur Werther,
Tout le monde est joyeux, le bonheur est dans l'air.

Du gai soleil, plein de flamme,
Dans l'azur resplendissant,
La pure clarté descend
De nos fronts jusqu'à notre âme,

Et l'oiseau qui monte aux cieux,
Dans la brise qui soupire,
Est revenu pour nous dire
Que Dieu permet d'être heureux!

WERTHER, à part.

Heureux! pourrai-je l'être encore?...

ALBERT, à Sophie.

Va porter ton bouquet, chère petite sœur,
Je te rejoins...

Sophie s'éloigne de quelques pas.

A Werther.

Werther, nous parlons de bonheur!
On le cherche bien loin, on l'appelle, on l'implore,
Et voici que peut-être il passe en nos chemins,
Un sourire à la lèvre et des fleurs dans les mains.

SOPHIE, sur le seuil du presbytère, à Albert.

Frère, revenez vite.

A Werther.

Pour le premier menuet, je vous invite,
Vous entendez, monsieur Werther!

Elle entre dans le presbytère en chantant :

Tout le monde est heureux, le bonheur est dans l'air!

Albert a rejoint Sophie et disparait avec elle.

SCÈNE VI

WERTHER, seul d'abord, puis **CHARLOTTE**.

Ai-je dit vrai? L'amour que j'ai pour elle
N'est-il pas le plus pur comme le plus sacré?

En ce cœur, malgré lui rebelle,
Un coupable désir est-il jamais entré?
Oui! je mentais!... ô Dieu! souffrir sans cesse,
Ou bien toujours mentir!
C'est trop de honte et de faiblesse!
Je dois, je veux partir!

Charlotte a paru sur le seuil du temple et se dirige vers le presbytère. Werther l'aperçoit, très ému.

Partir! Non! je ne veux que me rapprocher d'elle!

CHARLOTTE, *sans remarquer Werther.*

Comme on trouve en priant une force nouvelle!

WERTHER, *de loin.*

Charlotte!...

CHARLOTTE, *se détournant, simplement.*

Vous venez aussi chez le Pasteur?

WERTHER, *se rapprochant, tristement.*

A quoi bon? pour vous voir toujours auprès d'un autre!

Se rapprochant encore de Charlotte restée immobile.

Ah! qu'il est loin ce jour plein d'intime douceur
Où mon regard a rencontré le vôtre
Pour la première fois;... où nous sommes tous deux
Demeurés si longtemps... tout près... sans nous rien dire.
Cependant que tombait des cieux
Un suprême rayon qui semblait un sourire
Sur notre émoi silencieux!

CHARLOTTE, *froidement.*

Albert m'aime et je suis sa femme!...

WERTHER, *avec emportement.*

Albert vous aime!...
Qui ne vous aimerait?...

CHARLOTTE, plus doucement.

Werther!... N'est-il donc pas
D'autre femme ici-bas
Digne de votre amour et libre d'elle-même?
Je ne m'appartiens plus; pourquoi donc m'aimez-vous?

WERTHER.

Eh! demandez aux fous
D'où vient que leur raison s'égare!

CHARLOTTE, résolument.

Eh bien! puisqu'à jamais le destin nous sépare
Éloignez-vous, partez! partez!...

WERTHER.

Quel mot
Ai-je entendu?

CHARLOTTE, gravement.

Celui qu'il faut
De moi que l'on entende!

WERTHER, violemment.
Eh! qui donc le commande?

CHARLOTTE.
Le Devoir!
Plus doucement.
L'absence rend parfois la douleur moins amère.

WERTHER.
Ah! me donner l'oubli n'est pas en son pouvoir'

CHARLOTTE, plus douce encore.
Pourquoi l'oubli?... Pensez à Charlotte, au contraire,
Pensez à son repos; soyez fort, soyez bon.

WERTHER, apaisé peu à peu.

Oui!... j'ai pour seul désir que vous soyiez heureuse;
Mais ne plus vous revoir, c'est impossible, non!

CHARLOTTE.

Ami, je ne suis pas à ce point rigoureuse
Et ne saurais vouloir un exil éternel.
Vous reviendrez... bientôt... tenez... à la Noël!

WERTHER, suppliant.

Charlotte !

CHARLOTTE, s'éloignant.

A la Noël !

Elle disparaît.

SCÈNE VII

WERTHER, seul.

Werther veut la rappeler, mais il revient sur ses pas, découragé, abattu.

WERTHER.

Oui, ce qu'elle m'ordonne
Pour son repos, je le ferai ;
Et si la force m'abandonne,
Ah! c'est moi, pour toujours, qui me reposerai !

Songeant fiévreusement.

Pourquoi trembler devant la mort... devant la nôtre ?
On lève le rideau ; puis on passe de l'autre
Côté ! Voilà ce qu'on nomme mourir.

Offensons-nous le ciel en cessant de souffrir?

Lorsque l'enfant revient d'un voyage avant l'heure,
Bien loin de lui garder quelque ressentiment,
Au seul bruit de ses pas tressaille la demeure,
Et le père, joyeux, l'embrasse longuement.

O Dieu qui m'as créé, serais-tu moins clément!

Non! tu ne saurais pas, dérobé sous tes voiles,
Rejeter dans la nuit ton fils infortuné!
Devinant ton sourire au travers des étoiles,
Il reviendra vers toi d'avance pardonné!

Père! Père!
Que je ne connais pas, en qui pourtant j'ai foi,
En qui j'espère,
Appelle-moi!

<small>Werther va s'éloigner, lorsque paraît Sophie sur le seuil du presbytère.</small>

SCÈNE VIII

WERTHER, SOPHIE, puis **CHARLOTTE, ALBERT**
et tout le cortège.

SOPHIE à WERTHER.

Mais venez donc! le cortège s'approche,
Et soit dit sans reproche,
C'est vous seul qu'on attend!

WERTHER, brusquement.

Pardonnez-moi; je pars!

SOPHIE.
Vous partez!

3.

WERTHER.

A l'instant !

SOPHIE.

Mais sans doute...
Vous reviendrez... demain... bientôt...

WERTHER, violemment.

Jamais ! Adieu !
Il s'enfuit.

SOPHIE, très émue, l'appelant et courant après lui jusqu'à la route.

Monsieur Werther !... Au tournant de la route
Il disparaît... plus rien !
Fondant en larmes.

Mon Dieu !
Tout à l'heure
J'étais si joyeuse !

Le cortège de la Cinquantaine paraît. On vient de différents côtés.

CHARLOTTE, apercevant Sophie et accourant près d'elle.

Ah ! qu'est-ce donc ! elle pleure !

SOPHIE.

Ah ! sœur ! monsieur Werther est parti !...

CHARLOTTE.

Lui !

SOPHIE.

Et pour toujours !... A l'instant même
Il vient de me le dire, et puis il s'est enfui
Comme un fou !

CHARLOTTE, à part.

Pour toujours !

ALBERT, sombre et regardant Charlotte.

Il l'aime !

ACTE TROISIÈME

Charlotte et Werther.

La maison d'Albert. Le salon. Au fond, à droite, dans un renfoncement très accentué, une porte à deux battants. A gauche, un grand poêle en faïence verte. Au fond, le clavecin. Porte à droite. A gauche, porte de la chambre de Charlotte. Au premier plan, un petit secrétaire, une table à ouvrage et un fauteuil. Presque à droite, toujours au premier plan, un canapé. Une lampe allumée, avec abat-jour, sur la table.

SCÈNE PREMIÈRE

CHARLOTTE, seule, assise près de la table à ouvrage.

Werther! Werther!... Qui m'aurait dit la place
Que dans mon cœur il occupe aujourd'hui,
Depuis qu'il est parti, malgré moi tout me lasse
Et mon âme est pleine de lui!

Lentement, elle se lève comme attirée vers le secrétaire qu'elle ouvre.

Ces lettres... ah! je les relis sans cesse...
Avec quel charme, mais aussi quelle tristesse.
Je les devrais détruire... je ne puis!

Elle est revenue près de la table, les yeux fixés sur la lettre qu'elle tient. Lisant.

« Je vous écris
» De ma petite chambre;
» Un ciel gris

» Et lourd de décembre
» Pèse sur moi comme un linceul...
» Et je suis seul, seul, toujours seul ! »

<small>Retombant sur le siège qu'elle occupait.</small>

Personne près de lui !... Pas un seul témoignage
De tendresse... ou pitié ! Comment
M'est venu ce triste courage
D'ordonner cet exil et cet isolement!

<small>Elle a pris une autre lettre et l'ouvre.</small>

« Des cris joyeux d'enfants montent sous ma fenêtre,
» Et je pense à ce temps si doux
» Où tous vos chers petits jouaient autour de nous.
» Ils m'oublieront peut-être ! »

<small>Cessant de lire.</small>

Non, Werther, dans leur souvenir
Votre image reste vivante,
Et quand vous reviendrez... Mais doit-il revenir?

<small>Elle se lève. Avec effroi.</small>

Ah ! ce dernier billet me glace et m'épouvante!

<small>Lisant.</small>

« Tu m'as dit : A Noël ! et j'ai crié : Jamais!
» On va bientôt connaître
» Qui de nous deux disait vrai!... Mais...
» Si je ne dois reparaître
» Au jour fixé, devant toi,
» Ne m'accuse pas, pleure-moi !
» Oui, de ces yeux si pleins de charmes,
» Ces lignes, tu les reliras,
» Tu les mouilleras de tes larmes,
» O Charlotte, et tu frémiras! »

<small>Tandis que Charlotte relit, frémissante, Sophie entre vivement, tenant dans ses bras des jouets pour la fête du soir. Charlotte, surprise, cache précipitamment les lettres qu'elle tenait à la main.</small>

SCÈNE II

CHARLOTTE, SOPHIE.

SOPHIE, gaîement.

Bonjour, grande sœur! je viens aux nouvelles,

Sur un ton de doux reproche.

Sans attendre que tu m'appelles...
On ne te voit plus. Albert est absent
Et le père est très mécontent.

CHARLOTTE, encore préoccupée.

Enfant!...

SOPHIE, prenant Charlotte par la taille.

Mais souffres-tu ?

CHARLOTTE.

Pourquoi cette pensée?...

SOPHIE.

Cette main est glacée
Et tes yeux sont rougis, je le vois bien.

CHARLOTTE, avec embarras.

Non, ce n'est rien!
Je me sens quelquefois un peu triste... isolée.
Mais si d'un vague émoi mon âme était troublée,
Je ne m'en souviens plus maintenant... et tu vois,
Je souris...

SOPHIE, câline.

Ce qu'il faut, c'est rire, rire encore.
Comme autrefois.

CHARLOTTE, à part.

Comme autrefois!

SOPHIE, gaiement.

Ah! le rire est béni, joyeux, léger, sonore!
Il a des ailes; c'est un oiseau de l'aurore!
C'est la clarté du cœur qui s'échappe en rayons!
Elle conduit Charlotte au fauteuil et se laisse glisser à ses genoux
Écoute! je suis d'âge à savoir les raisons
De bien des choses!
Oui! tous les fronts ici sont devenus moroses
Depuis que Werther s'est enfui!
Mais pourquoi laisser sans nouvelles
Ceux qui lui sont restés fidèles?

CHARLOTTE, se dégageant des bras de Sophie, se lève, à part.

Tout, jusqu'à cette enfant, tout me parle de lui!

SOPHIE, revenant à Charlotte.

Des larmes! oh! pardonne, je t'en prie!
Oui, j'ai tort de parler
De tout cela...

CHARLOTTE, ne se contraignant plus.

Va! laisse-les couler!
Elles font du bien, ma chérie!

Les larmes qu'on ne pleure pas
Dans notre âme retombent toutes,
Et de leurs patientes gouttes
Martèlent le cœur triste et las.

ACTE TROISIÈME

Sa résistance enfin s'épuise ;
Le cœur se creuse et s'affaiblit :
Il est trop grand, rien ne l'emplit ;
Et trop fragile, tout le brise !

SOPHIE, *effrayée.*

Tiens, Charlotte, crois-moi, ne reste pas ici...
Viens chez nous ; nous saurons te faire
Oublier ton souci ;
Le père
A fait apprendre à ses enfants
De magnifiques compliments
Pour la Noël...

Elle va reprendre les jouets qu'elle a déposés en entrant.

CHARLOTTE, *à part, très troublée*

Noël ! oh ! cette lettre :

Répétant d'un ton sombre.

« Si tu ne me vois reparaître,
» Au jour fixé, devant toi,
» Ne m'accuse pas ; pleure-moi ! »

SOPHIE, *revenant vers Charlotte.*

Alors, c'est convenu ! tu viendras...

CHARLOTTE.

Oui... peut-être...

SOPHIE.

Non ! non ! certainement !

CHARLOTTE, *essayant de sourire.*

Certainement...

SOPHIE.

Bien vrai !

CHARLOTTE.

J'irai, je le promets, mignonne...

SOPHIE.

Tu viendras !

CHARLOTTE.

Oui ! j'irai !...

Rappelant Sophie qui s'éloigne. Avec élan.

Que je t'embrasse encor !

Sophie s'éloigne.

SCÈNE III

CHARLOTTE, puis WERTHER.

CHARLOTTE.

La force m'abandonne !

Seigneur Dieu, Seigneur !
J'ai fait et veux faire
Toujours mon devoir ! En toi seul, j'espère
Car bien rude est l'épreuve et bien faible mon cœur !
Seigneur Dieu, Seigneur !
Tu lis dans mon âme ; hélas ! tout la blesse !
Si mes pleurs t'offensaient, j'en demande pardon !
Viens à mon secours — ô Dieu fort ! Dieu bon !
Prends pitié de moi ! soutiens ma faiblesse !

La porte du fond s'ouvre. Werther paraît.

Ciel ! Werther !

Werther est debout, près de la porte, pâle, presque défaillant, s'appuyant à la muraille.

ACTE TROISIÈME

WERTHER.

Oui, c'est moi!... je reviens... et pourtant...
Loin de vous... je n'ai pas laissé passer une heure,
Un instant,
Sans dire que je meurs
Plutôt que la revoir... Puis, lorsque vint le jour
Que vous aviez fixé pour le retour...
Je suis parti... sur le seuil de la porte
Je résistais encor... je voulais fuir... Qu'importe
D'ailleurs tout cela!... me voici!

CHARLOTTE, très émue, cherchant à se contenir et à paraître indifférente.

Pourquoi cette parole amère?
Pourquoi ne plus revenir, quand ici
Chacun vous attendait... mon père...
Les enfants...

WERTHER, s'approchant.

Et vous? vous aussi?

CHARLOTTE, coupant court aux mots qu'elle sent sur les lèvres de Werther.

Voyez! la maison est restée
Telle que vous l'avez quittée!
A la revoir ainsi
Ne vous semble-t-il pas qu'elle s'est souvenue?

WERTHER, jetant un regard autour de lui.

Oui! je vois... Ici, rien n'a changé... que les cœurs!
Toute chose est encore à la place connue.

Allant par la chambre

Voici le clavecin qui chantait mes bonheurs
Ou qui tressaillait de ma peine
Alors que votre voix accompagnait la mienne.

Venant près de la table.

Ces livres sur qui tant de fois
Nous avons incliné nos têtes rapprochées.

Allant au secrétaire sur lequel est placée la boîte aux pistolets.

Et ces armes... un jour ma main les a touchées.

D'une voix sourde.

Déjà, j'étais impatient
Du long repos auquel j'aspire !...

CHARLOTTE, *sans voir ce dernier mouvement, est remontée vers le clavecin sur lequel elle a pris un manuscrit. A Werther.*

Et voici ces vers d'Ossian
Que vous aviez commencé de traduire.

WERTHER, *prenant le manuscrit.*

Traduire... Ah ! bien souvent mon rêve s'envola
Sur l'aile de ces vers, et c'est toi, cher poète,
Qui, bien plutôt, étais mon interprète !
Toute mon âme est là !

Lisant.

« Pourquoi me réveiller, ô souffle du Printemps ?
Sur mon front je sens tes caresses,
Et pourtant bien proche est le temps
Des orages et des tristesses !
Demain, dans le vallon, viendra le voyageur,
Se souvenant de ma gloire première.
Et ses yeux vainement chercheront ma splendeur :
Ils ne trouveront plus que deuil et que misère ! »

CHARLOTTE, *très troublée.*

N'achevez pas !
Hélas !
Ce désespoir... ce deuil... on dirait... il me semble !...

WERTHER.

Ah ! ciel ! ai-je compris... Dans cette voix qui tremble...
Dans ces deux yeux remplis

De larmes, n'est-ce pas un aveu que je lis !...

Se rapprochant de Charlotte.

A quoi bon essayer de nous tromper encore.

CHARLOTTE.

Je vous implore !

WERTHER.

Va ! nous mentions tous deux en nous disant vainqueurs
De l'immortel amour qui tressaille en nos cœurs.

S'exaltant.

Ah ! ce premier baiser, mon rêve et mon envie,
Bonheur tant espéré qu'aujourd'hui j'entrevois,
Il brûle sur ma lèvre encore inassouvie
Ce baiser demandé pour la première fois !

CHARLOTTE, défaillante.

Werther !

WERTHER.

Ah ! ma raison s'égare.
Tu m'aimes...

CHARLOTTE, le repoussant.

Non... tout ce qui nous sépare
Ne peut être oublié !

WERTHER, se jetant à ses pieds.

Tu m'aimes !... tu m'aimes !...

CHARLOTTE.

Pitié !

WERTHER.

Je t'aime !...
Il n'est plus de remords, il n'est plus de tourment...

CHARLOTTE, *éperdue.*

Seigneur clément,
Défendez-moi contre moi-même.

WERTHER.

Hors de nous rien n'existe et tout le reste est vain;
Mais l'amour seul est vrai, car c'est le mot divin.

CHARLOTTE.

Défendez-moi, Seigneur !

WERTHER.

Viens !

CHARLOTTE, *dans les bras de Werther.*

Ah ! pitié !

WERTHER.

Je t'aime !

CHARLOTTE, *se redressant, affolée.*

Ah ! moi ! moi ! dans ses bras !

WERTHER, *suppliant.*

Pardon !

CHARLOTTE, *résolument.*

Vous ne me verrez plus...

WERTHER.

Grâce, Charlotte !...

CHARLOTTE.

Non !

C'est vous, vous que je fuis l'âme désespérée.
Adieu, pour la dernière fois !

Elle s'enfuit et ferme sur elle la porte de sa chambre.

WERTHER, se précipitant sur ses pas.

Mais non ! c'est impossible... écoute-moi... ma voix
Te rappelle.., reviens... Tu me seras sacrée !...
Rien !... pas un mot... elle se tait.
Soit ! adieu donc ! Charlotte a dicté mon arrêt !

Il montant vers la porte du fond.

Prends le deuil, ô nature !
Ton fils, ton bien-aimé, ton amant va mourir,
Emportant avec lui l'éternelle torture !
Ma tombe peut s'ouvrir !

Il s'enfuit.

SCÈNE IV

ALBERT, puis CHARLOTTE.

ALBERT, entrant, préoccupé, sombre.

Werther est de retour... on l'a vu revenir...

Étonné.

Personne ici ?... la porte ouverte sur la rue...

Il se dirige vers la chambre de Charlotte. — Appelant.

Charlotte !...

CHARLOTTE, poussant un cri à la vue de son mari.

Ah !

ALBERT.

Qu'avez-vous ?

CHARLOTTE, de plus en plus troublée.

Rien!...

ALBERT.

Pourtant vous voilà
Troublée, émue...

CHARLOTTE.

Oui!... la surprise...

ALBERT, presque violent.

Et qui donc était là?

CHARLOTTE.

'Qui? là!...

ALBERT.

Répondez!

Un domestique est entré, apportant une lettre.

Un message!

Reconnaissant l'écriture et regardant fixement Charlotte.

De Werther...

CHARLOTTE.

Dieu!

ALBERT, lisant, sans perdre Charlotte de vue.

« Je pars pour un lointain voyage..
» Voulez-vous me prêter vos pistolets?

CHARLOTTE, à part, se sentant défaillir.

Il part!

ALBERT, continuant.

» Dieu vous garde tous deux. »

ACTE TROISIÈME

CHARLOTTE, à part, avec terreur.

Ah! l'horrible présage!

ALBERT, à Charlotte, froidement.

Donnez-les-lui!...

CHARLOTTE, reculant épouvantée.

Qui? moi?

ALBERT.

Sans doute...

CHARLOTTE, comme fascinée par le regard de son mari, se dirige vers le secrétaire où est déposée la boîte aux pistolets.

Quel regard!

Albert se dirige vers la chambre à droite et, avant d'y entrer, regarde encore Charlotte qui remonte, en se soutenant à peine, vers le domestique auquel elle remet les armes. — Le domestique sort. — Albert froisse la lettre qu'il tenait à la main, la jette et entre vivement dans la chambre. — Une fois seule, Charlotte court prendre une mante qui est déposée sur un des fauteuils.

Dieu! tu ne voudras pas que j'arrive trop tard!

Elle sort désespérée.

ACTE QUATRIÈME

PREMIER TABLEAU

La nuit de Noël.

On aperçoit la petite ville de Wetz'ar, vue à vol d'oiseau, la nuit de Noël. — La lune jette une grande clarté sur les arbres et les toits, couverts de neige. — Quelques fenêtres s'éclairent peu à peu. — Il neige. — Nuit dans la salle. — La musique continue jusqu'au changement de décor.

SECOND TABLEAU

La mort de Werther.

Le cabinet de travail de Werther. — Un chandelier à trois branches, garni d'un réflecteur, éclaire à peine la table chargée de livres et de papiers. — Au fond, un peu sur la gauche, en pan coupé, une large fenêtre ouverte, au travers de laquelle on aperçoit la place du village et les maisons couvertes de neige. — Une des maisons, celle du bailli, est éclairée. — Au fond, à droite, une porte. — La clarté de la lune pénètre dans la chambre.

Seul, au premier plan, Werther, mortellement frappé, est étendu à terre

SCÈNE PREMIÈRE

WERTHER, puis CHARLOTTE.

CHARLOTTE, entrant brusquement et appelant, avec angoisse.

Werther!... Rien!...

Tout à coup, elle aperçoit le corps de Werther et se jette sur lui, puis pousse un cri et recule, épouvantée.

Dieu! du sang!

Elle revient vers lui, à genoux, et le prend dans ses bras.

ACTE QUATRIÈME

Non! non! c'est impossible!
Il ne peut être mort! — Werther! reviens à toi!
Réponds! réponds! — Ah! c'est horrible!

WERTHER, ouvrant les yeux, reconnaissant Charlotte.

Qui parle?... Charlotte, ah! c'est toi, pardonne-moi!

CHARLOTTE.

Te pardonner, quand c'est moi qui te frappe,
Quand le sang qui s'échappe
De ta blessure, c'est moi qui l'ai versé!...

WERTHER, qui s'est soulevé un peu.

Non!
Tu n'as rien fait que de juste et de bon!
Mon âme reconnaissante
Te bénit pour cette mort
Qui te garde innocente
Et m'épargne un remord!

CHARLOTTE, affolée et se tournant vers la porte.

Mais il faut du secours!

WERTHER, se soulevant sur un genou.

Non! n'appelle personne...
Tout secours serait vain!
Donne
Seulement ta main...

Il s'appuie sur Charlotte et se lève. Souriant.

Vois!... je n'ai pas besoin d'autre aide que la tienne!

Il tombe assis, puis, le front sur la main de Charlotte, et d'une voix très douce, presque câline.

Et puis, il ne faut pas qu'on vienne
Encore ici

Nous séparer..., On est si bien ainsi

Lui prenant la main

A cette heure suprême :
Je suis heureux; je meurs en te disant
Que je t'adore!...

CHARLOTTE, avec élan.

Et moi, Werther, et moi, je t'aime!

WERTHER.

Dieu puissant!

CHARLOTTE.

Oui! du jour même
Où tu parus devant mes yeux,
J'ai senti qu'une chaîne
Impossible à briser nous liait tous les deux!
A l'oubli du devoir j'ai préféré ta peine
Et pour ne pas me perdre, hélas! je t'ai perdu!...
Mais si la mort approche, avant qu'elle te prenne...

Avec transport.

Ah! ton baiser, du moins, je te l'aurai rendu!

Elle l'embrasse.

Que ton âme en mon âme éperdûment se fonde!
Qu'elle oublie, à jamais, en ce baiser, le monde,
Les maux, les douleurs, tout...

WERTHER et CHARLOTTE, ensemble.

Oublions tout!

Rires bruyants au loin.
Voix des enfants dans la maison du bailli.

VOIX DES ENFANTS.

Noël!

CHARLOTTE, douloureusement.

Ces cris joyeux, ce rire en ce moment cruel!

ACTE QUATRIÈME

VOIX DES ENFANTS, au dehors.

Jésus vient de naître !
Voici notre divin maître
Rois et bergers d'Israël.
Noël !...

WERTHER, se soulevant un peu, avec une sorte d'hallucination.

Ah ! les enfants... les anges... oui, Noël,
C'est le chant de la délivrance,
C'est l'hymne de pardon
Redit par l'innocence !

CHARLOTTE, se rapprochant, effrayée de ce délire qui commence.

Werther !

WERTHER, de plus en plus halluciné.

Pourquoi ces larmes ?... Crois-tu donc
Qu'en cet instant ma vie est achevée ?
Elle commence, vois-tu bien...
Voici que je m'en vais vers mon père... et le tien !
Il me consolera jusqu'à ton arrivée !

VOIX DE SOPHIE.

Dieu permet d'être heureux !
Le bonheur est dans l'air ! tout le monde est joyeux !

VOIX DES ENFANTS.

Noël ! Noël !

WERTHER, qui a écouté, debout, frémissant, les yeux grands ouverts, s'appuie sur le fauteuil et s'y laisse tomber avec un gémissement.

Dieu permet d'être heureux !...

CHARLOTTE, le regardant, avec angoisse.

Ses yeux se ferment !... sa main se glace...
Il va mourir... mourir !... ah ! pitié, grâce !
Je ne veux pas... je ne veux pas...
Werther, réponds... tu peux encore m'entendre.

Pressant Werther contre elle.

La mort entre mes bras,
N'osera pas te prendre !
Tu vivras !... Tu vivras !... vois... je ne crains plus rien.

WERTHER, d'une voix éteinte.

Ah !... Charlotte... je meurs... oui... mais écoute bien :
Là-bas, au fond du cimetière,
Il est deux grands tilleuls... C'est là
Que je voudrais reposer... Si cela
M'était refusé, si la terre
Chrétienne est interdite au corps d'un malheureux,
Près du chemin ou dans le vallon solitaire
Allez placer ma tombe... En détournant les yeux
Le prêtre passera... Mais à la dérobée
Quelque femme viendra visiter le banni,
Et d'une pure larme en son ombre tombée
Le mort, le pauvre mort, se sentira béni !

Sa voix s'arrête; il fait quelques efforts pour respirer, puis, ses bras, d'abord étendus, retombent, sa tête s'incline, il meurt.

CHARLOTTE, ne pouvant croire à ce qu'elle voit, prend la tête de Werther dans ses mains, puis pousse un cri d'épouvante.

Ah !

VOIX DES ENFANTS.

Jésus vient de naître
Voici notre Divin maître...
Noël !

CHARLOTTE, appelant désespérément.

Werther !... Tout est fini !...

Elle tombe évanouie aux pieds de Werther.
Au dehors, au loin, rires bruyants, chocs de verres, cris joyeux.

FIN.

IMPRIMERIE CHAIX, RUE BERGÈRE, 20, PARIS. — 19216-9-93. — (Encre Lorilleux).

www.ingramcontent.com/pod-product-compliance
Lightning Source LLC
LaVergne TN
LVHW022204080426
835511LV00008B/1555